腹筋革命

The Revolution in Ab-Exercise

「そる」だけでやせる

理学療法士　ヨガインストラクター
中村尚人

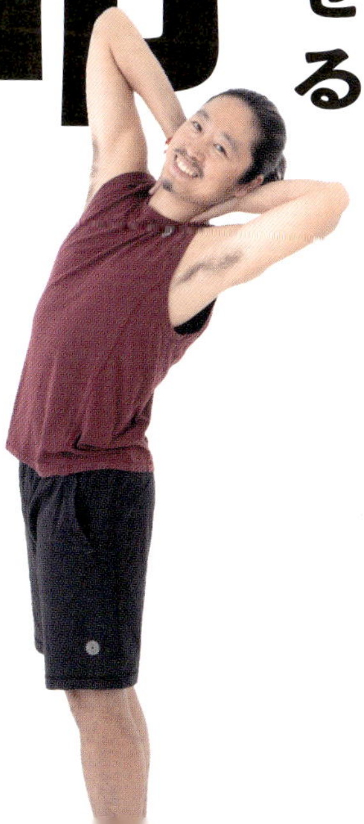

まだ、その腹筋運動を
続けているんですか？

実は腹筋は
「伸ばして鍛える」
のが正しいのです。

!?

そる腹筋は革命的に効く!!

えっ!? ホント?

トレーニング効果が

縮める腹筋より

20%UP

プランクより

50%UP

そる腹筋は
革命的に
ラク!!

らくち～ん

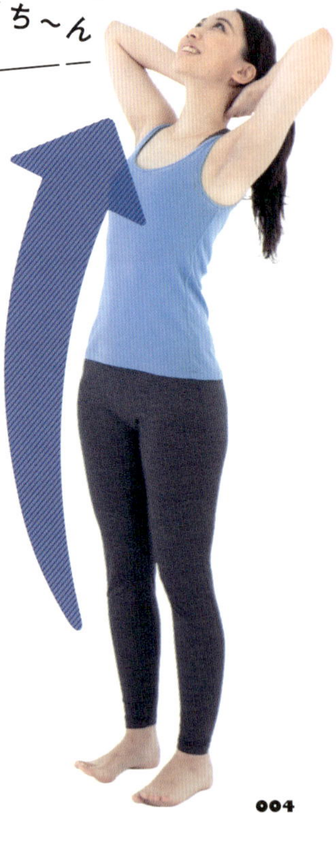

疲労感が

⇩

縮める腹筋

プランク

の

約1/3

そる腹筋は革命的にカラダが変わる!!

→ **凹み腹＆ヤセ体質に**

→ **健康で快適な美姿勢に**

→ **胸が開いて心がポジティブに**

Let's raise
The Revolution
in Ab-Exercise!!

革命
を起こしましょう!

さあ、皆さん！
私たちと
一緒に

腹筋

徹底比較！ こんなに違う！

そる腹筋 vs 縮める腹筋

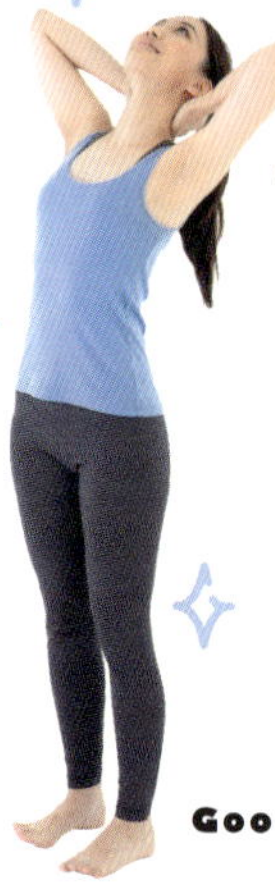

Good!

Bad!

そる腹筋		縮める腹筋
合理的	人体構造上の合理性	非合理的
ラクで気持ちいい	感じ方	キツくてつらい
たくさん （腹直筋、腹斜筋、腹横筋、腸腰筋、脊柱起立筋、多裂筋など） 詳しくは45ページ	鍛えられる筋肉の部位数	1つだけ （腹直筋）
ずっと続けられる （立ってそるだけ、どこでもできる）	続けやすさ	三日坊主の恐れあり （キツいし、横になるのが面倒）

ダイエット・美容

Good!		Bad!
細くなる	ウエスト	厚くなる
スッキリ収納	内臓	収まらずぽっこり
代謝がよくなり ヤセ体質に	基礎代謝量	特に変化なし
快適な美姿勢に	姿勢	不快な悪姿勢に （猫背、巻き肩など）

心身の健康

Good!		Bad!
下がる	血圧	上がる
改善する	腰痛	悪化する
開いて伸びる 体全体がつながる リラックス	体の変化	閉じて縮む 体全体が連動しない 緊張
深くゆったり	呼吸	浅く速い
オープン、ポジティブ	心の変化	ネガティブ、疑心暗鬼

ちなみに  プランクは…キツくてつらい、血圧が上がる

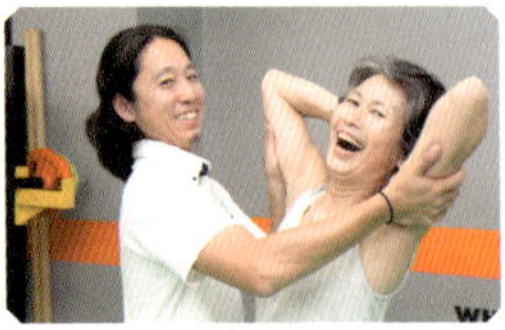

はじめに

理学療法士　ヨガインストラクター
中村尚人

「この下っ腹さえ凹めばもっとやせて見えるはず……」
「ビール腹じゃなければ堂々とTシャツが着られるのに！」

多くの人にとって、「ぽっこりしたお腹」は永遠のお悩みナンバーワンでしょう。
そして、お腹やせといえば、腹筋。腰痛の改善に、シェイプアップや運動パフォーマンスの向上に、腹筋の重要性は昔から強調されてきました。

腹筋運動といえば、あおむけで上体を起こす縮める腹筋をイメージされると思います。しかし最近では、この縮める腹筋は腰痛の原因になるということで注意を喚起されています。
そもそも、私たちは、腹筋運動はあおむけで行うものと思い込んでいるフシがあるのではないでしょうか？　その腹筋運動は、本当に理にかなっているのでしょうか？

私はヨガやピラティスを教えていて、約2千人のインストラクターを養成してきました。また、理学療法士として腰痛など姿勢の問題を抱える約1万人の患者さんを診てきました。

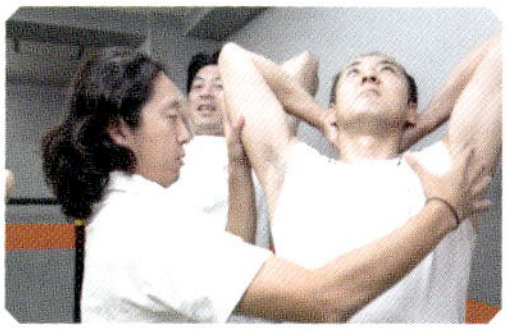

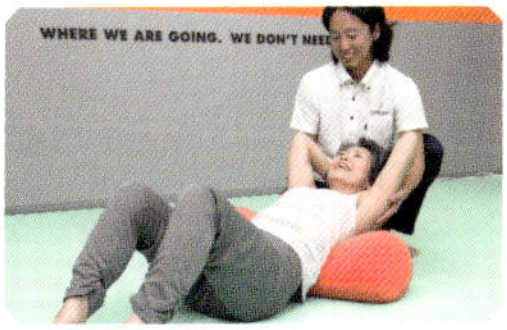

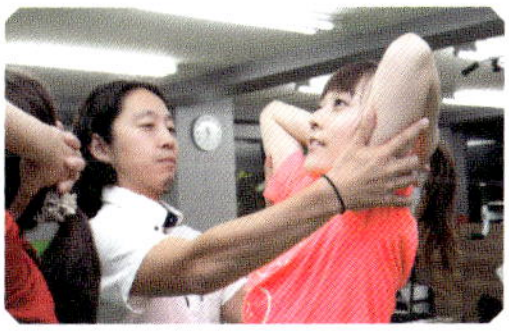

ただいま
指導中！

ヨガなどの東洋医学と、理学療法士としての西洋医学。その両方から人間の体を研究していく中で、1つの結論に至りました。それは…

「腹筋は伸ばして鍛えよう」

というものです。

誰でも日常的に続けられるほど簡単で、ツラくないのに、しっかりとお腹に効く。
しかもヤセ体質になって、姿勢もよくなり、心身ともに健康になる。
体の原理に則《のっと》った、まったく新しい腹筋エクササイズをお伝えしましょう！

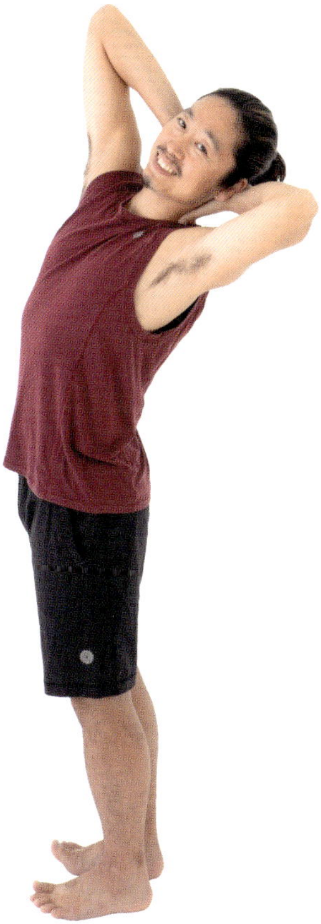

推薦のことば

スポーツドクター　整形外科医

武田淳也

広域医療法人明和会 整形外科 スポーツ・栄養クリニック理事長、Pilates Lab代表、日本ピラティス協会会長。スポーツ医学の第一人者として、学会講演や著書多数。

ユニークでありながら確実に効果が期待できる、エクササイズの実践本が出ました。それがこの『腹筋革命』です。

この本は、腹筋の遠心性収縮（伸びる力）に着目したという点でまさに革命的です。これは、理学療法士という医療国家資格者として、最新のスポーツ医学・運動学の知見をアップデートし続けつつ、ヨガインストラクターとして、世界有数の師から受け継いだヨガを深め発展させ続けている中村尚人先生ならではの着眼点でしょう。

彼との出会いは十数年前にさかのぼります。まだ病院勤務の理学療法士だった中村尚人先生が、医療にピラティスを取り入れた私の下に学びに来てくれたとき、私は彼の真摯《しんし》な探求心に魅せられました。

その後は私の予想を上回る活躍で、今ではメディカル・フィットネス・ヘルスケアを網羅《もうら》する、日本のボディワーク界ではカリスマ指導者の一人となりました。

この、確実に「行動・実践・継続でき、かつ効果・結果が出る」ように設計されたメソッドによって、私たちの体型や姿勢に、そして人生に画期的な革命がもたらされることを期待します。

食事制限なし！ 簡単で気持ちいい！

そるだけでやせちゃいました

・ルール… 1日3回以上はそる腹筋を行うこと
・計測には体組成計「InBody 430」を使用

Check!

case 1 野田和美さん （60歳・カウンセラー）

ずいぶん若返ったような気がします。

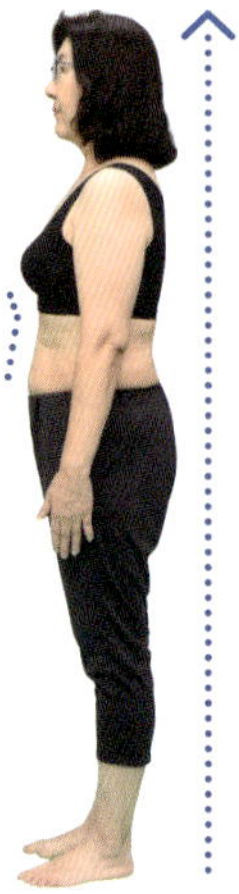

3か月で／体重

-4.9kg

2か月半で／腹囲

-2.1cm

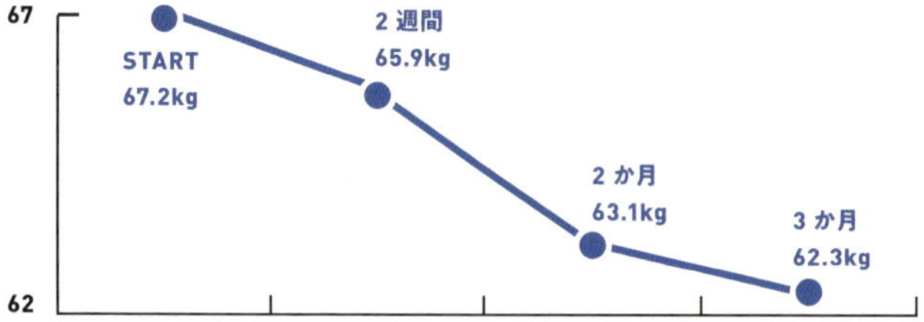

67
62
START
67.2kg
2週間
65.9kg
2か月
63.1kg
3か月
62.3kg

年々太っていく体、丸くなった背中…。自分の写真を見るのが嫌だったので、一念発起してそる腹筋に挑戦。教えていただいたように、お腹を上へ上へと引き上げるよう意識しました。

おかげで、信号待ちや電車の中など、ちょっとした時間にも常に腹筋を引き上げる意識を持てるように。簡単だし、呼吸も深くなるし、やった後はスッキリ。元気もわいてくるので、落ち込んだときの気分転換にもピッタリです。何より5kgもやせて、若々しくなった気がしてうれしい!

これからも続けて、どんどん余計なものをそぎ落としたいですね。

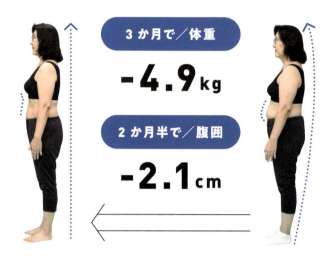

case 2 | **田口佑樹**さん （40歳・会社員）

お腹回りが明らかにスッキリしました。

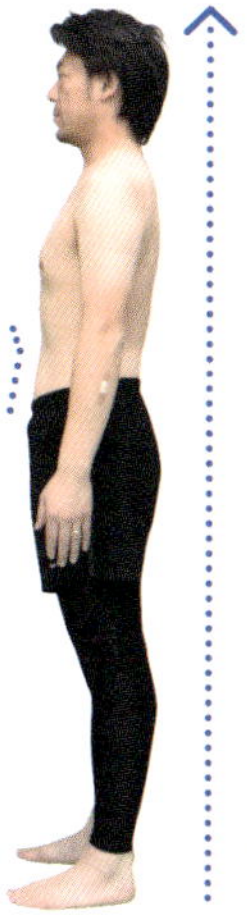

3か月で／体重

-4.1kg

3か月で／腹囲

-3.3cm

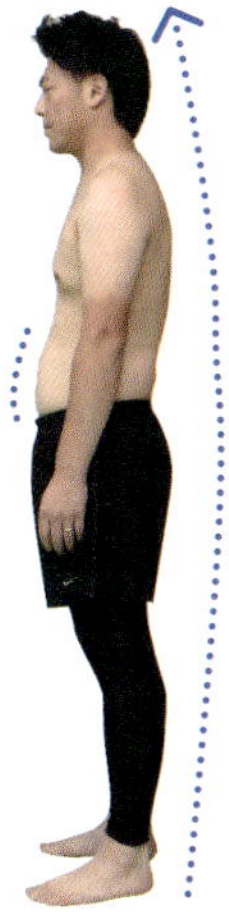

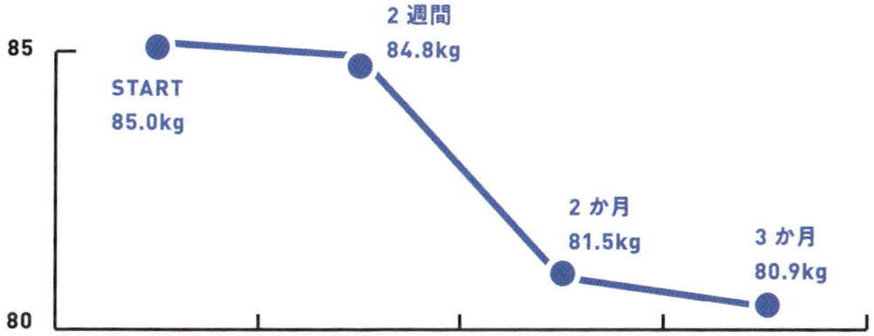

85
80
START
85.0kg
2週間
84.8kg
2か月
81.5kg
3か月
80.9kg

加齢に伴い体重が増えて、肩こりや腰の痛み、寝ても抜けない疲れに悩んでいました。少しでも改善できればと思い、そる腹筋に挑戦。1日3〜5回のペースで、毎日続けました。

姿勢がよくなると、肩の力も抜けて、気分もよくなりますね。ずっとラクだと感じていた猫背が、むしろ体に負担をかけていたことに気づけたのは収穫でした。続けるうちにみるみるやせていき、目で見て明らかにお腹周りがスッキリしてきました！　体もだいぶ軽いです。

やはり簡単だから継続できたし、継続できたから結果が出たのだと感じています。

case 3 ｜ 反町奈津美さん （26歳・会社員）

ウエディングドレスが楽しみ。

結婚式でウエディングドレスをきれいに着たくて挑戦。何か運動はしたいけど、自力ではキツいし、難しいものは続かないので、飛びつきました！

朝、夜はもちろん、昼休みやトイレ休憩にもちょこちょこと実践。呼吸を意識するとよりお腹に力が入り、鍛えられる感がありました。数値以上に見た目のぽっこり感がなくなり、ビックリです！

2週間で／体重

-0.4kg

2週間で／腹囲

-1.7cm

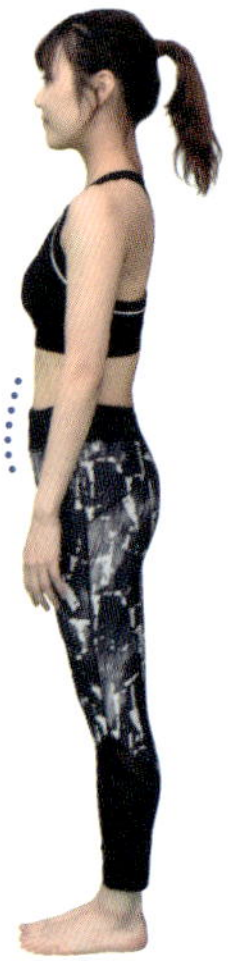

case 4 ｜ 木村香代子さん （68歳・俳優）

脂肪が減って筋肉が増えた。

体がかたいので最初は大変でしたが、簡単な動きなので続けられました。そる腹筋の後は、胸が開いて気分も大変よくなるので、肩がこったり、気が滅入ったりしたときもやりました。

2週間で体重は-0.1kgですが、体組成計では体脂肪が-0.7kg！　筋肉を増やして脂肪を減らす、理想的なメソッドですね。腰回りもスッキリしてうれしいです。

2週間で／体重

-0.1kg

2週間で／腹囲

-1.0cm

case 5　栗原貴久さん　（47歳・クリスタルボウル奏者）

体形が目に見えて変わった。

自分の体型はやはり気になるので、毎日、鏡でチェックしています。そる腹筋をすると、明らかに立ち姿が変わって見えました。何年もほぼ体重の変動がなかったのに、食事や生活習慣を変えずに-1.2kgという結果は驚き。

胸を開き、お腹を引き上げる意識が身に着いたことも収穫です。気分も上がり、日常生活のクオリティが格段によくなりました。

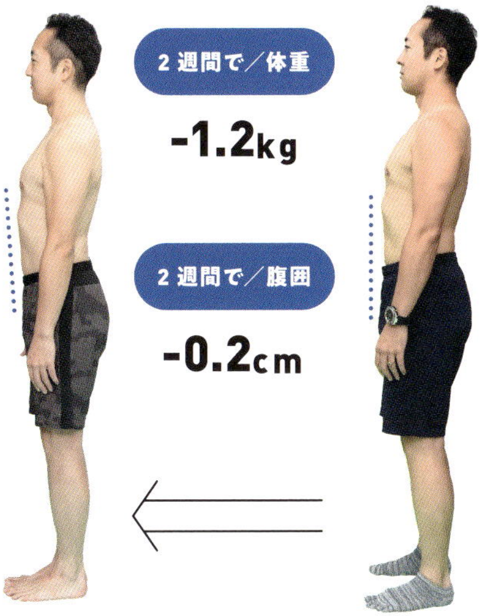

松本純子さん　（52歳・パーソナルトレーナー）

ガサツ女の私がミスコンに！

朝、体がしびれて起きられない！　ヘルニアになってしまった私は、医師からインストラクターの仕事をやめるように忠告されました。更年期うつも重なり落ち込んでいたときに、中村尚人先生から教えていただいたのが、そる腹筋です。

やった後、生まれ変わったように体が軽くなり、3か月後には仕事に復帰。あまりに心身の調子がよくなり、姿勢がきれいになったと言われることも増えたので、ずっと苦手だった「美、女性らしさ」というものに挑戦したくなってしまい…。MS.ASIA GOLDEN STARコンテストに出場したら、50代の部ファイナリストになることができました。

そる腹筋で、私の人生は変わりました。これからも、きれいな姿勢のままで年を重ねていきたいと思います。

contents

Column 1

快適な体の条件をすべて満たせる究極のメソッドが誕生しました！

よく、ダイエットや健康で「コレだけやればOK！」というものがありますね。私はずっと、そんなものはウソだと思っていました。実際に本を読んで、試してみたことも何度もありますが、いずれも医学や解剖学の見地からは誤っていたり、書かれているほどの効果は見込めないものばかりでした。

しかし…私は発見してしまったのです。「コレだけやればOK」というものを。それが、そる腹筋です。

なぜ、コレだけでOKなのか。それは、私が考える快適な体の条件をすべて満たすことができるエクササイズだからです。

- **体が開いている**
- **頭が上に伸びている**
- **体全体がつながっている**
- **リラックスしている**

私はそもそも、ダイエットなんてする必要ないと思っている人間です。ちゃんと体を使えていて、姿勢が正しければ、筋肉は落ちませんし、きちんと代謝されるので、そうそう太ったりしないものです。

ダイエットのために始めたそる腹筋で、ダイエットいらずの体になれるでしょう。

こんなこと
しなくても、
そるだけでOK！

The Revolution
in
Ab-Exercise

Chapter 1

腹筋を鍛える！

スタイル維持だけじゃない！生きるために不可欠な腹筋

「最近、太ったなあ…」「食べ過ぎるとすぐお腹がポッコリしちゃう！」。多くの人にとって、スリムなウエストは美しいスタイルの象徴です。「いかにお腹を凹ませるか」は男女問わず、永遠の課題。テレビや雑誌で腹筋を鍛える特集がされていれば、つい気になって見てしまうと思います。

スタイルの要といわれるその腹筋。実は体型維持のほかにもさまざまな重要な役割を担っています。

例えば姿勢。私たちが二足歩行で生活できるのは、重力に対抗して直立姿勢を維持する筋肉が働いているおかげです。腹筋もその1つ。お尻や背中の筋肉と協力し合いながら、姿勢を支えています。

また、息を吐くとき、便を排出するときも、腹筋が働いています。腹筋が働かないと、せきもできません。遠くの物や高いところに手を伸ばせるのも、腹筋のおかげ。体をねじる動作や、腕の動作を支えているのも腹筋です。

ウエストのきついパンツやスカートをはくときに、ついお腹を引っ込めますよね？ このときに働くのももちろん、腹筋。しかも、腹筋が姿勢や動作をしっかりサポートしていれば、快適で疲れにくい体になるだけでなく、代謝もUPして太りにくくなります。

引き締まったお腹やスラッとした美しい姿勢を保ったり、不自由なく体を動かしたり。日常生活のあらゆる場面で、腹筋の力は必要なのです。

腹筋アリ

＼ バランスがとれる ／

Good!

腹筋ナシ

＼ 倒れちゃう ／

Bad!

腹筋は人間の基本動作にもスタイルアップにも欠かせない筋肉です。
体が後ろに倒れてしまわないよう、上体を支えてくれているのが腹直筋。
腕を色々な方向に動かすときにも腹筋が大活躍。腕を上げたり、手を前に伸ばしたりするときに働いているのは、「くびれ」や「ペタンコ腹」づくりには欠かせない、腹斜筋です。

縮める腹筋では ペタンコ腹にならない

では「腹筋を鍛えよう！」と考えたとき、皆さんは何をしますか？

きっと多くの方が、昔、体育や部活動でやっていた腹筋運動や、テレビや雑誌の「お腹ヤセ特集」などで見た、腹筋運動をやってみると思います。

そのほとんどが、あおむけで上体を起こす縮める腹筋ではないでしょうか？

でも、よーく考えてください。典型的なカッコいいお腹、割れた腹筋「シックスパック」は、筋肉のひとつひとつがモリモリ盛り上がっていませんか？

そう、縮める腹筋は筋肉をパンプアップする、つまり「厚くする」運動です。脂肪のついたお腹でいくら縮める腹筋をしても、ぽっこり飛び出たお腹の上に、さらにモリモリした筋肉が乗っかるだけ。

また、縮める腹筋では腰が丸くなってしまい、猫背や巻き肩を招きがち。意に反して、美しくも快適でもない姿勢になってしまいます。姿勢が悪くなれば代謝も落ち、さらに太ってしまうということになりかねません。

米国の腰痛研究で著名なマクギル教授は、腹筋運動として奨励されていた縮める腹筋が、腰痛の原因になる危険性が高いことを明らかにしました。実はこの腹筋を縮める力のかけ方が、腰痛を引き起こす原因にもなっていたのです。

世の中に氾濫しているこの腹筋運動は腰にも姿勢にも悪いうえ、筋肉が盛り上がるので凹みません。苦しい思いをして鍛え続けても、哀しいことに「スリムなお腹」は手に入らないのです。

縮める腹筋をすると…

姿勢が悪くなってしまう

腰を痛めてしまう

腹筋は伸ばす力のほうが圧倒的に強い！

もう1つ、縮める腹筋をオススメできない理由があります。人体の構造上、合理的ではないため、トレーニングとしてはたいへん効率が悪いのです。

その説明をするために、まずは腹筋の役割について見ていくことにしましょう。

筋肉の動きには、大きく「縮める」「伸ばす」の2つがあります。腹筋は縮めるほうの印象が強いですが、実際に腹筋を縮めて使うのは、朝起き上がるときくらいのもの。私たちは日常の中では、意外と腹筋を縮めて使っていません。

一方で、腹筋を伸ばす機会はたくさんあります。伸びをする、上にあるものを取る、空を見上げる、後ろを振り返る…。それに、まさに今この瞬間、腹筋は伸びる力で重力の力に対抗し、あなたの姿勢を保つ手助けをしてくれています。

意外と知られていませんが、腹筋の本来の役割は伸ばすこと。解剖学的にも、筋の硬さから見ても、腹筋は伸びる力のほうが、縮める力よりはるかに強いのです。

ついでに言うと、背筋では縮める力のほうが強くなります。私たちが直立して二足歩行できるようになったのは、背筋を縮めて体を起こせたおかげです。

縮める腹筋は、腹筋を縮めて背筋を伸ばすので、腹筋本来の役割に反した使い方をします。非合理的なトレーニングなので、疲れる割に効果は望めません。

反対に、これから紹介するそる腹筋は、人体の構造にあった合理的なエクササイズ。ラクなのに効くのには、それだけの理由があるのです。

そる腹筋は合理的！

そる腹筋

合理的

縮める腹筋

非合理的

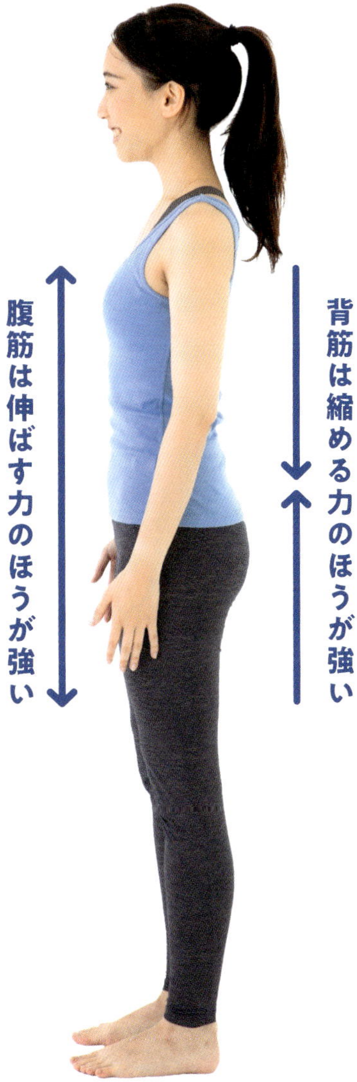

伸びる力を利用した革命的なそる腹筋

縮める腹筋をすると、ぽっこりお腹の上に筋肉が乗るだけで、お腹が凹まないことを確認しました。では、どうすればお腹を薄くできるのでしょう？

簡単な話です。**背中を丸めて腹筋を縮めるのではなく、腹筋を薄く伸ばして胸から上に引き上げればいいのです。**

そこで私が提案したいのが、そる腹筋です。

そる腹筋は、自分の上半身をおもりにした自重トレーニング。上体を後ろにそらせて、体が後ろに倒れないよう腹筋でギューッと伸びてこらえます。このとき、お腹を引き締め姿勢をよくするあらゆる腹筋に負荷がかかり、鍛えられます。

腹筋を伸ばしてこらえるとき、実はさほど苦労している感覚はありません。にもかかわらず、実際にはしっかり効いています。なぜでしょうか？ 前のページで、伸ばす力のほうが強いことを説明しましたが、それ以外にも理由があります。

そる腹筋は、ほとんど意志の力を必要としないのです。つまり脳が疲れません。

腹筋の伸びる力は、本来は重力に対抗するために備わったもの。そのため、意志の力を働かせなくても、伸びる力を使うことができます。

一方、腹筋を縮めるときは「えいやっ！」という意志の力が必要です。朝、起き上がるのが苦痛なのは、意志の力が求められるからなのです。

誰もがイメージする縮める腹筋とは正反対のそる腹筋は、まさに革命的。今度こそ、脱「ぽっこりお腹」を実現しましょう！

頭と上半身がウエイトに！

脳が疲れないから
意外とラク！

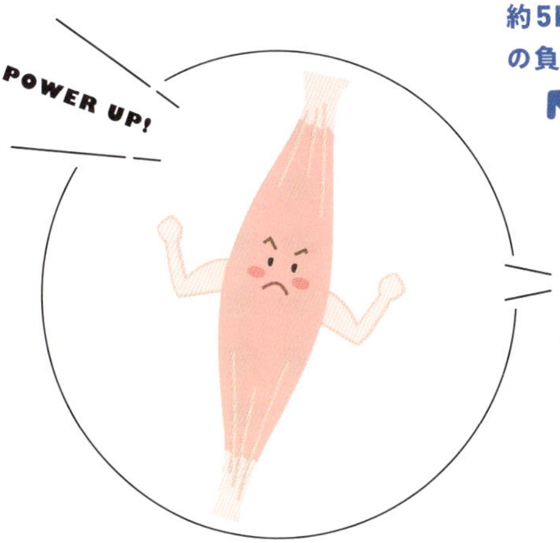
POWER UP!

約5kg
の負荷
約5kg
の重さ

人間の頭の重さは約5kg。上体をそらせるだけで、自分の体の重みを利用した腹筋の自重トレーニングになります。

背中も同時に鍛えられる！

そった状態をキープするとき、お腹を引き締める腹筋群だけでなく、背中側の筋肉（脊柱起立筋・多裂筋）も使っています。お腹も背中も同時に鍛えられ、姿勢までよくなる万能なエクササイズです！

メリットしかない！
疲れずに効くそる腹筋

腹筋運動＝つらい・きつい、というイメージのある人に朗報です。そる腹筋はとにかく、超楽チン。疲れなく、呼吸も苦しくならず、なのに、触ってみると、とてもお腹は硬い（つまり、効いているということ！）。「こんなにラクでいいの？」と驚くほどです。

今回、そる腹筋のほか、縮める腹筋（シットアップ）、プランクの代表的な腹筋運動で効果（筋肉の固さ）と疲労感を比較調査。

その結果、そる腹筋は、縮める腹筋の約1・2倍（プランクの約1・5倍）効いているにもかかわらず、疲労感はほか2つの腹筋運動の約1／3であることがわかりました。

「キク——！」「つらい——！」と感じる腹筋運動のほうが効きそうだと思われがちですが、それは勘違いだったのです。

疲れたり苦しくなったりしない理由の1つが、ほぼ血圧が上昇しないこと。例えば縮める腹筋は猫背になり、心臓を圧迫してしまいます。プランクも腕や体に全体重がかかるので、心臓への負荷は相当なものです。

一方、そる腹筋は胸が広がり心臓の圧迫が取れるので、血圧も心拍数も上がらず苦しさを感じません。

そもそも苦しくなければ、3日坊主で終わらず続けられます。ラクチンでしっかり腹筋を鍛えられて、なおかつ続けられる。それが、そる腹筋なのです。

	効果	ラクさ	総合評価（費用対効果）
そる	3.14	2.70	8.48
縮める	2.54	1.00	2.54
プランク	2.00	0.98	1.96

代表的な腹筋運動で効果（腹直筋の固さ）と疲労感（VAS※）を調査し、指数化して、そる腹筋、縮める腹筋、プランクと比較した。被験者は11人。詳細な調査内容と結果は以下をご参照ください。http:// www.asukashinsha.co.jp/file/fukkinkakumei.pdf

※VAS（Visual Analog Scale）…左端を0、右端を100とした10cmの直線上で、その腹筋運動によって感じている疲労感がどの位置にあるかを被験者に評価してもらう評価方法。

Column 2

マッチョ派も しなやか派も どちらも **そる腹筋**を しよう！

あなたがなりたいのは、ボディビルダーのように見栄えのする、ガッチリした体でしょうか？ それとも、バレリーナのようにムダのない、しなやかな体ですか？

私は理学療法士として、そしてヨガインストラクターとして、機能的な体の使い方を研究してきました。ですから、オススメしたいのはバレリーナのほう。そる腹筋はムリやムダがなく、筋肉を厚くしないばかりか、背筋や体幹もバランスよく鍛えられます。バレリーナのような体になりたいなら、これ以上ないくらいベストなエクササイズです。

一方で、そる腹筋は、ガッチリした体になりたい人にもやっていただきたいと思います。なぜなら、ハードなトレーニングを行うための土台となる快適な体づくりに、そる腹筋は最適だからです。

悪い姿勢、弱い体幹のままハードなトレーニングをしてケガをする人を、私はたくさん知っています。そして体が快適でなければ、トレーニングを続けることは難しいでしょう。

どんな体になりたい人にも、そる腹筋はオススメです！

The Revolution
in
Ab-Exercise

Chapter 2

お腹が
やせ上がる！

重力に押しつぶされて飛び出すお腹

そもそも、私たちのお腹は、なぜ前へと飛び出してしまうのでしょうか？ 実は、皮下脂肪や内臓脂肪は、お腹がぽっこりする原因の1つでしかありません。

お腹がぽっこり出てしまう主な原因に、「重力による押しつぶし」があります。

人間の体には、直立姿勢を保つ筋肉が常に働いていますが、車やスマホに頼る便利な生活を送り、あまり筋肉を使わない生活を続けていると、筋力の衰えが進行。

そのうち重力によって体が押しつぶされ、よい姿勢を維持できなくなります。

背中は丸く猫背になり、骨盤もまっすぐ立てられなくなり後傾。腰が落ちて、胸はつまり、顔は前に出て、ついにはお腹が飛び出して、そこにどんどんお肉がたまっていくのです。

「背中が曲がる」「腰が曲がる」というと、老化現象のように聞こえますが、それだけではありません。姿勢を維持する筋力が重力に負けた結果です。ですから最近では若い子でも、やせているのに猫背で腰が落ちていてお腹だけぽっこりしている人が増えているのです。

高齢でもお腹がペタンコで、姿勢もシャキッ！ スラッ！ としている方はたくさんいます。「もう年だからお腹が出ちゃう」は単なる思い込み。重力に負けない筋力と姿勢を手に入れれば、おのずとお腹も凹んできます。そして、後述するようにヤセ体質になり、体重も減る好循環へと入っていけるのです。

重力との勝敗がお腹と姿勢を決める！

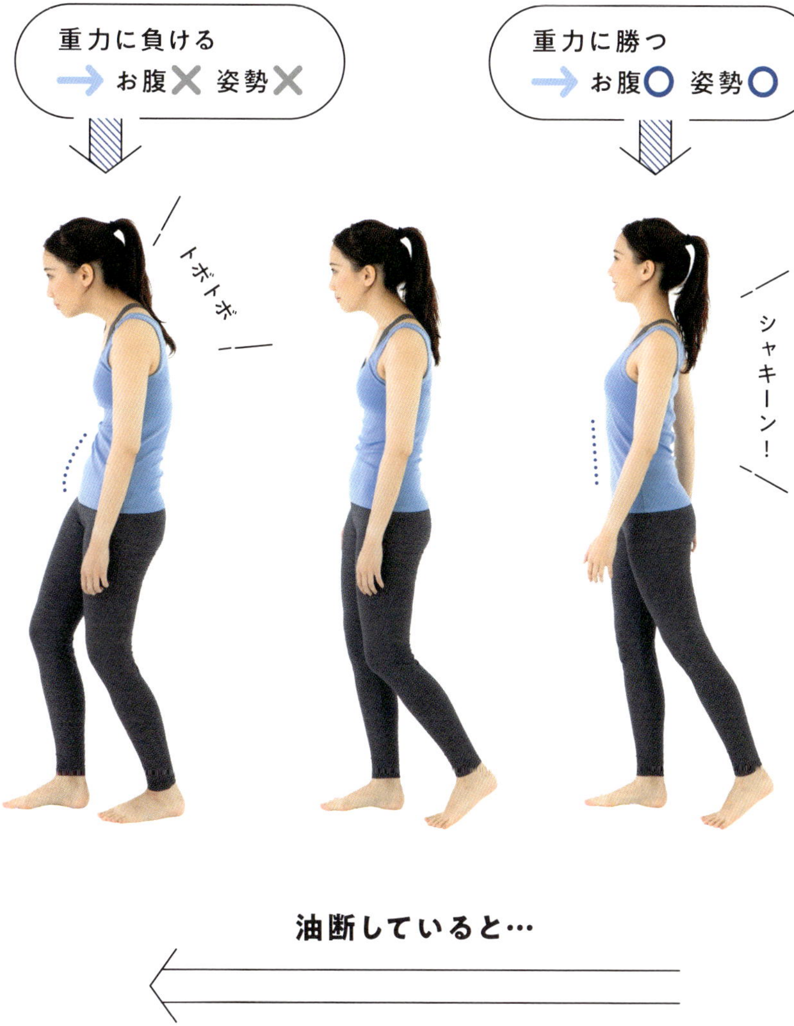

猫背の「内臓押しつぶし」でお腹ぽっこり

重力に負けてよい姿勢を保てなければ、どんなに運動や食事のコントロールで体重を落としても、永遠に「お腹ぽっこり体型」から卒業できません。

なぜなら…、あなたのお腹からぽっこりと飛び出しているのは、「行き場を失ったお腹の中身」だからです！

イメージしやすいように、説明しましょう。

猫背になると、左ページのイラストのように胸が縮み、肋骨の位置も落ちてきます。すると、落ちた肋骨がその下にある内臓を押しつぶします。しかし、お腹のスペースには限りがあるため、押しつぶされた内臓は行き場をなくし、前に飛び出ます。それが、ぽっこり腹になる一因です。

肋骨の落ちた姿勢を正さずに、いくらお腹の筋トレをしても、お腹の中身は飛び出したまま。結局、お腹はスッキリとしません。まずは落ちた肋骨を引き上げて、お腹の中身を収納できるスペースをつくってあげることが先決です。

そもそもお腹にスペースがないのに、「お腹を凹まそう！」と縮める腹筋で締め付ければ、心臓や内臓が余計に圧迫されます。やせるどころか、血圧が上がったり血流が悪くなったりで、実はけっこう危険なのです。

胸が縮んでお腹ぽっこり

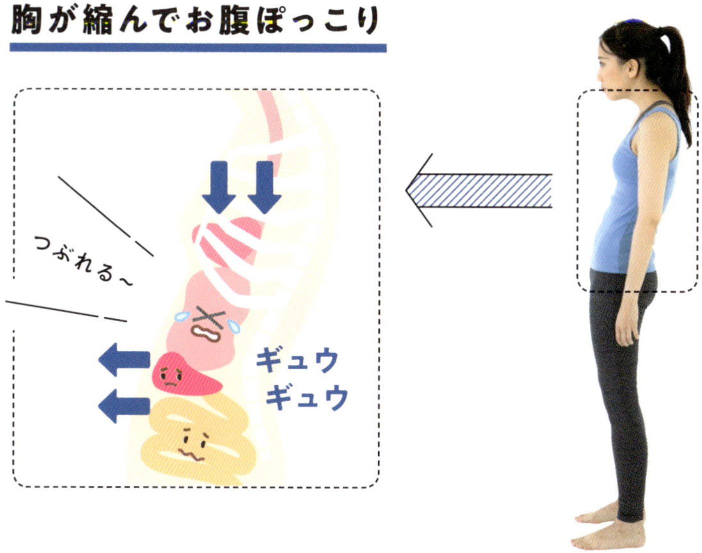

胸が開いてお腹スッキリ

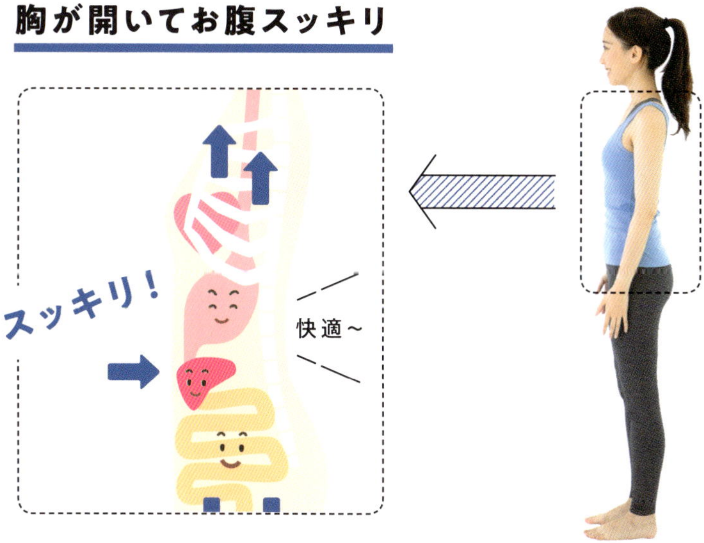

座りっぱなしで 代謝が落ちてお腹ぽっこり

今の世の中は、わざわざ自分で動かなくても何でもできる便利な世界。買い物はインターネット、仕事はパソコン。移動時も自家用車やタクシー、エレベーターを使い、歩く機会さえ失われています。

体を使わなくなれば、筋肉は「必要のないモノ」と認定され、どんどん衰えます。筋力が落ちると動きづらくなり、動きづらいと動くのがイヤになって、さらに自分で動かなくなる…という悪循環に。

特にスマホが手放せない現代人や、デスクワークが中心の社会人は深刻です。座りっぱなし、あるいは前かがみや猫背の「下向き姿勢」で多くの時間を過ごすため、骨盤や股関節、姿勢に関わる筋肉が働かなくなります。骨盤を支える筋肉が衰え、骨盤はどんどん倒れていき後ろに傾く…。それがお腹ぽっこりをさらに加速させてしまうのです。

また、人はどうしてもラクな姿勢を取りがち。そして多くの人は脱力した姿勢がラクだと感じてしまいます。

ラクに感じるのは、脱力姿勢は筋肉が働かず、エネルギーを消費しないから。代わりに、靭帯や関節で「つっかえ棒」のように姿勢を支えているのです。このとき、体には大きな負担がかかっていますが、疲労はほとんど感じません。

体を使わない、歩かない。座っている間も筋肉を使わない。筋力、体力、気力がそろって落ちて、代謝も落ちて太っていく…という、悪循環に陥っているのです。

筋力↘ 代謝↘

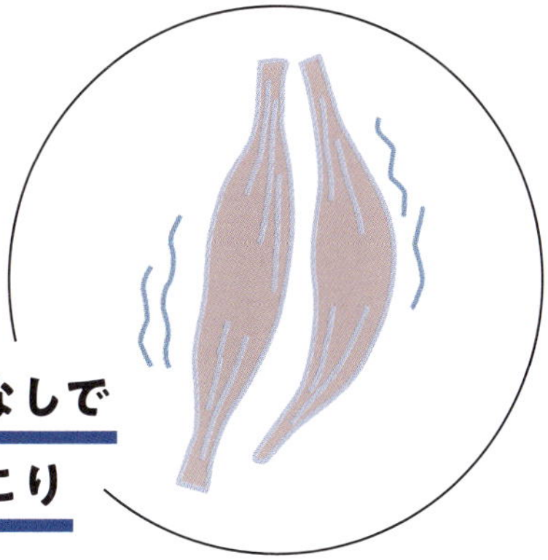

座りっぱなしで
お腹ぽっこり

筋力↗ 代謝↗

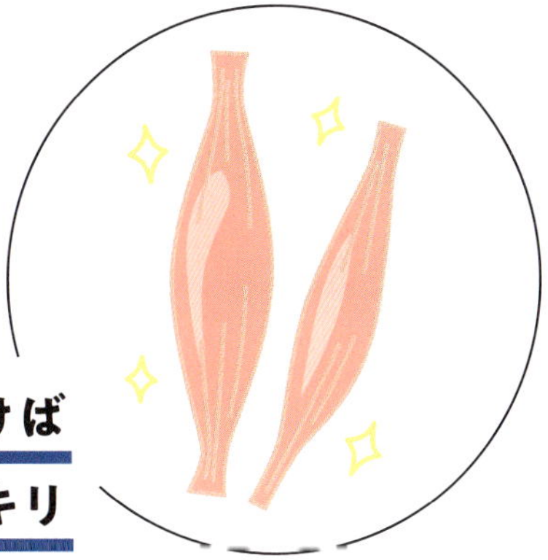

立って歩けば
お腹スッキリ

よく歩く、体を使う人は、体を動かす表層の筋肉も骨格を支える深部の筋肉もよく働いてくれます。しかし、座りっぱなしや前かがみの下向き生活は骨格を支える筋肉を使わなくなり、退化する一方。これが「ぽっこり腹」を加速させる一因に！

腹筋をしましょう！

ぽっこり腹の大きな原因は、
重力のストレスに負けた「前かがみ姿勢」と、
それがもたらす「代謝の低下」です。
つまり、前かがみ姿勢でつぶれたお腹を伸ばすのが
最も効率よく効果的。
その方法がそる腹筋なのです！

結論

お腹を凹ませたければ伸ばしなさい。

つまり

そる

ココが革命的！ 1
飛び出た内臓をスッキリ収納

鏡の前に立ち、腰に手を当てて、上体を後ろにグーっとそってみてください。まず、肋骨が引き上がります。同時にお腹も、へそ周りにたまった脂肪ごと引き伸ばされて、見た目がすっきり。脂肪の量は変わらないのに、これだけでお腹回りは一回りも二回りも細くなりませんか？

ぽっこり飛び出しているのは脂肪だけでなく、猫背になり、落ちてきた肋骨に押しつぶされた、「行き場を失ったお腹の中身」です。

ですから、落ちていた肋骨を引き上げて内臓の位置するスペースを広げてあげれば、前に飛び出すしかなかったお腹の中身も正しい位置にスッキリ収まります。そる腹筋を行うと、その場でお腹が薄くなることからも一目瞭然です。

さらに、そる腹筋を続けていくうちに、自然と力みがとれて、体全体がニュートラルで快適な状態に戻ってきます。内臓の位置が最適化されることはもちろん、血圧や自律神経までも自然に整ってくるのです。そる腹筋を、ラクに気持ちよくやるほど、効果が期待できます。

今のあなたのぽっこり腹は、お腹の中身が飛び出ているだけかもしれません。実際についている脂肪以上にお肉がついているように見えて、損をしてしまっている可能性は十分にあります。

そる腹筋でお腹回りを鍛えて、姿勢をよくしましょう。それだけで、あなたのお腹は凹むのです。

そるだけで体がどんどん整ってくる！

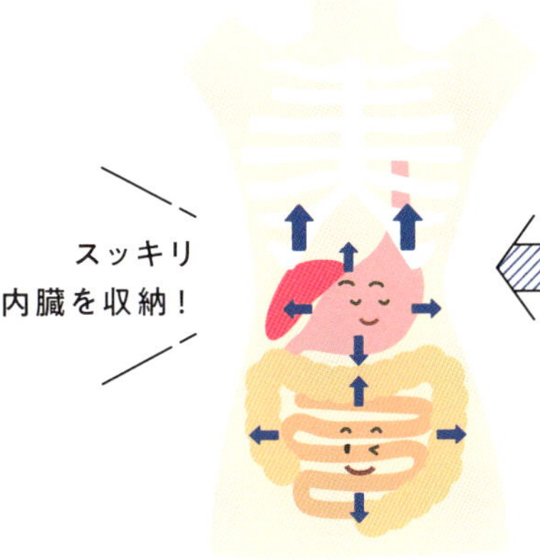

そる腹筋で落ちた肋骨ごとお腹を引き上げれば、前に飛び出した内臓も正しい位置にスッキリと収納。この状態を形状記憶するだけで、今よりフラットなお腹が手に入る！

ココが革命的！ 2 あらゆるヤセ筋肉が目覚める

お腹がぽっこりしている人は、姿勢を保つための筋肉をあまり使わずに生活しています。靭帯や骨に寄りかかる「ラクな姿勢」を続けてきたあなたの体は、ほとんどの筋肉が眠っている状態です。

ジムの筋トレマシーンを使ったり、筋肉を強烈に追い込んで鍛えたりする筋トレの多くは、1つの筋肉だけにフォーカスして鍛えます。縮める腹筋で鍛えられるのも、お腹の前側にある腹直筋だけ。

一方、そる腹筋はアウターマッスルと呼ばれる外側の筋肉からインナーマッスルと呼ばれる骨に近い筋肉まで、お腹まわりのあらゆる筋肉をいっぺんに刺激。お腹を引き締めたり、ひき上げたりする筋肉がすべて目覚めます。

それだけではありません。背骨を安定させる背中側の筋肉までも鍛えられます。たくさんの筋肉をバランスよく鍛えられるのは、そる腹筋の大きな長所です。

ラクな姿勢で生活していた間に眠ってしまった筋肉が目覚めれば、日常生活を過ごすなかでも筋肉が働くようになり、自動的に多くのエネルギーを使ってくれます。つまり、それだけで脂肪を燃焼しやすい体になる、ということ。また、たくさんの筋肉がアクティブに動くようになれば、体を動かすこともラクになり、運動量まで自然に増えていきます。

そる腹筋そのものの消費エネルギー量も少なく、疲れません。しかし結果的には、脂肪によるぽっこり腹の解消にもつながるのです。

＼ 1つだけ… ／

縮める腹筋で鍛えられる筋肉

＼ たくさん！ ／

そる腹筋で鍛えられる筋肉

〈お腹側〉

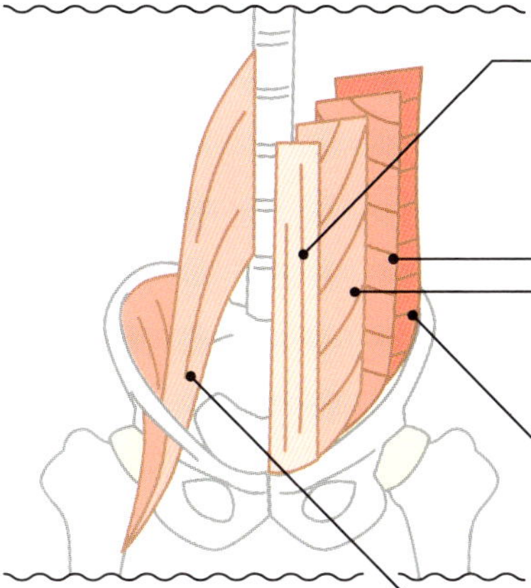

腹《ふく》直《ちょく》筋

背中とのバランスをとる

腹《ふく》斜《しゃ》筋

お腹を引き締めて動きをサポート

腹《ふく》横《おう》筋

姿勢を保つ筋肉のコルセット

腸《ちょう》腰《よう》筋

骨盤を安定させてぽっこり腹を防ぐ

〈背中側〉

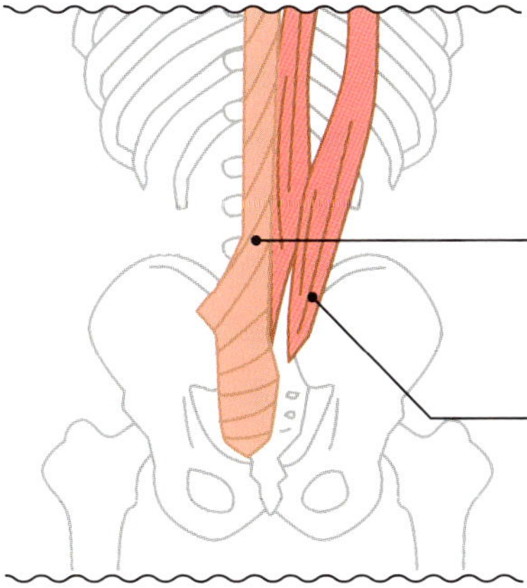

多《た》裂《れつ》筋

背骨をまっすぐ伸ばし安定させる

脊《せき》柱《ちゅう》起《き》立《りつ》筋

背中の動きをコントロールする

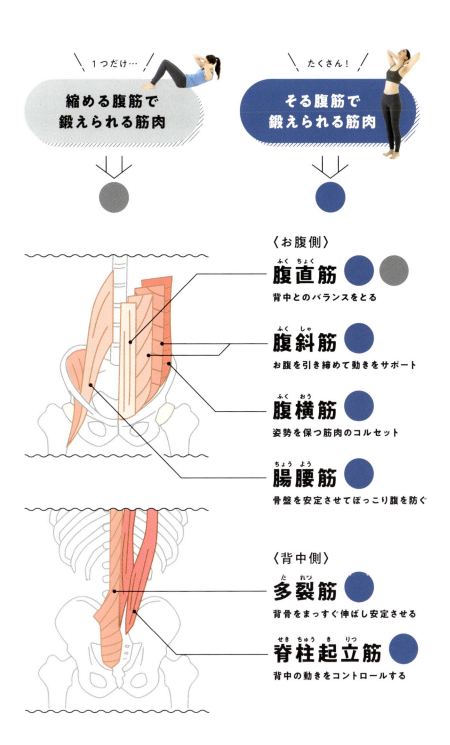

ココが革命的！ 3 神経のヤセスイッチがONに

脂肪を燃焼するには、エネルギーの消費が不可欠です。そる腹筋を行うと、代謝のスイッチをＯＮにし、体を燃焼モードに切り替えることができます。

血液循環や呼吸、免疫、代謝、内分泌のシステムには、自律神経が深く関わっています。例えば、眠っている間に呼吸をするのも、外気温が変動しても体温が一定に保たれるのも、自律神経が働いているおかげです。

自律神経には「アクティブの神経」の交感神経と「リラックスの神経」の副交感神経があります。この２つの神経がバランスをとりながら働くことで、体のあらゆるシステムが正常に動きます。

この働きに、深く関係しているのが姿勢です。お腹の力が抜けて丸くなった姿勢のときは、副交感神経が優位のお休みモード。胸が開き、お腹も伸びた姿勢のときは交感神経が優位のお目覚めモード。逆にいうと姿勢は、交感神経と副交感神経を切り替えるスイッチの役目にもなります。

そる腹筋でお腹を伸ばして胸を開けば、あらゆるシステムがパパパッと交感神経にスイッチオン。体は「これから活動をスタートするぞ！」とお目覚めモードに入ります。起床時に行えば心身ともにアクティブになり、朝からヤセスイッチＯＮで過ごせるのです。

そる腹筋を
する

ヤセスイッチON

・交感神経
・脳が興奮する
・目が覚める
・心拍数が増える

心身ともに

アクティブになり、エネルギーを消費！

脱力した
猫背

ヤセスイッチOFF

・副交感神経
・脳が落ち着く
・眠たくなる
・心拍数が減る

心身ともに

省エネモードで、お腹ぽっこりに……。

Column 3

お腹を伸ばせば悩みも消える 1

血流や消化、代謝がアップ

東洋医学では、「お腹がやわらかくて、血のめぐりがよいと健康だ」という考えがあります。

最高の見本は赤ちゃんです。赤ちゃんのお腹は気持ちよさそうに伸びていて、いかにも血のめぐりがよさそう。触ると、温かく、フワフワとやわらかいですね。

ところが、赤ちゃんでもストレスや恐怖を感じると、便秘になったり、お腹がカチカチに固まったりすることがあります。この原因も、血のめぐりが滞るためと考えます。

縮める腹筋は内臓を圧迫します。すると、内臓は働きを阻害され、血の巡りが悪化。冷えや消化不良、月経不順の原因になります。ですから、見た目を気にしてコルセットでグッと締めつけるなど、もってのほか。すすんで体を不健康にしているようなものです。

そる腹筋は腹筋は固くなりますが、お腹全体がやわらかく伸びるので、自然と心身がリラックスし血流が促されます。すると、消化力や新陳代謝もアップし、体はどんどん元気を取り戻します。さらには肌の色つやがよくなる、太りにくくなるなど、美容の面でもうれしい効果が期待できるのです。

目指すはフワフワの
赤ちゃん腹

The Revolution
in
Ab-Exercise

Chapter 3

10秒でお腹が凹む！

そる腹筋
エクササイズ

1

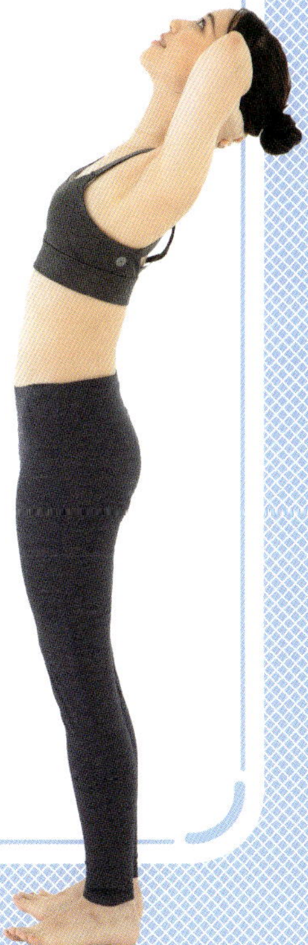

10秒でお腹がやせ上がる！ 基本のそる腹筋

それでは、そる腹筋にチャレンジしましょう！ つぶれて飛び出たお腹を引き上げて、スッキリしたお腹を形状記憶。そして姿勢がよくなれば、ヤセスイッチがＯＮに！

１回たったの10秒！ どこでもできて、しかもラクだから誰でも続けられるのも魅力です。筋肉をやわらかくすれば、体は必ず変わります！ そる腹筋で、あなたの体に革命を起こしましょう。

そる腹筋は、人間の体のメカニズムに則って考えられた正しい腹筋運動です。いくつかバリエーションがありますが、この章で紹介する基本のエクササイズでは、お腹の前側を伸ばします。

ポイントは２つ。骨盤を安定させ、胸を高い位置に戻してからそる腹筋を行うこと。お腹のあらゆる筋肉を刺激するので、無理なく、ラクに引き締めることができます。

そして、そったときのお腹が伸びた感覚を覚えて、ふだんから意識すること。エクササイズ後は、最低でも５分以上はお腹が伸びた状態を保ちましょう。

寝る直前以外は、いつ、どこで何回やってもＯＫ！ 全身の筋肉を活性化させるので、特に起床後や朝出かける前に行うと、１日を通じて代謝がよくなり、より一層のぽっこりお腹解消効果が期待できます。ぜひ、毎日の習慣にしてください。

Rule

そる腹筋のルール

1. 1日に何回やっても OK!
2. 終わった直後の「お腹が引き上がった姿勢」を5分以上意識して保つ
3. 心身が活性モードになるので、就寝前は行わない

頭を高く保つ
なるべく遠くを見る
腰幅で平行に立つ

Stand by

Step 1

足指を上げる

両足を腰幅に開き、
平行にして立つ。
足の指をそらせ、床から浮かせる。

LOCK!

骨盤をロック！

足指を上げると重心が真ん中の正しい位置に修正され、骨盤がロックされて姿勢が安定。かかとで重心が感じられたら正解です。猫背姿勢で曲がっていたひざ、股関節も自然に伸びます。

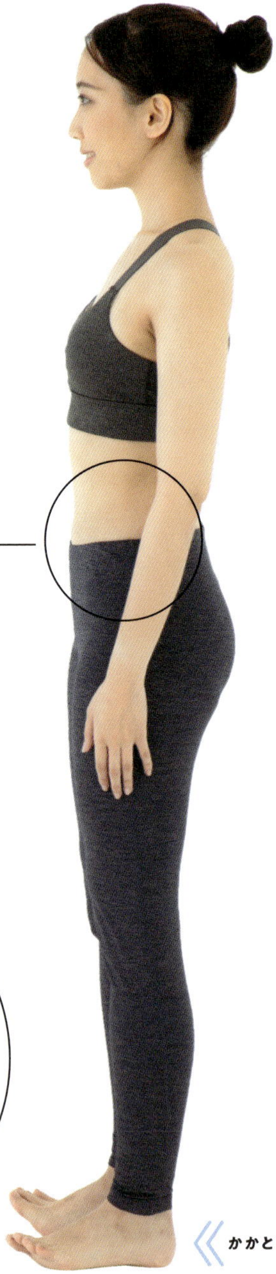

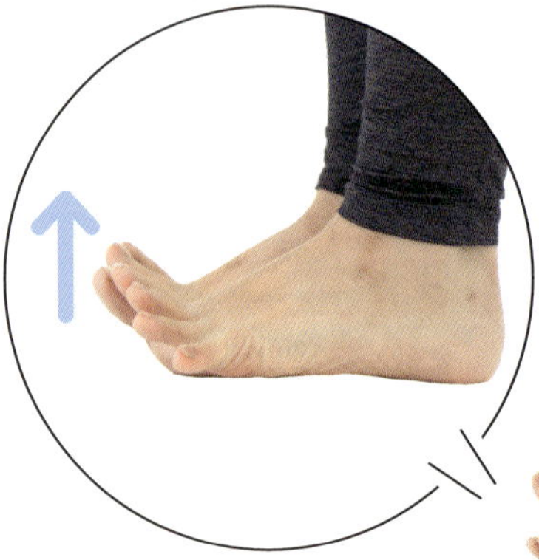

吐く

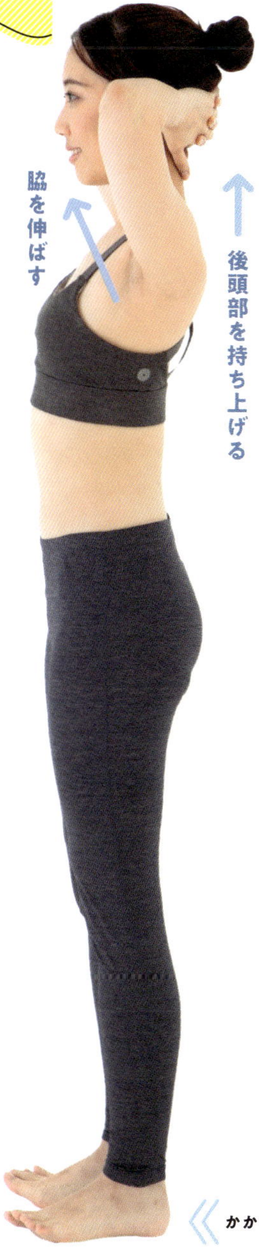

Step 2

両手を頭の後ろで組む

親指を下に向けて両手を組む。
首に負荷がかからないように
両手で支えながら、
後頭部を上に持ち上げる。
息を吐く。

Back

手を頭の後ろにセット

自然と胸が開いて肋骨が持ち上がり、
つぶれたお腹も伸びて引き上がります。

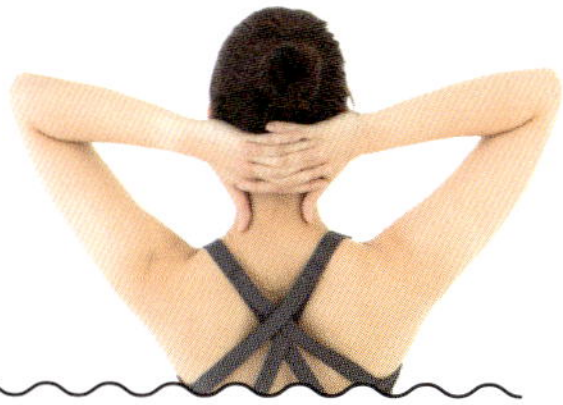

目線は上に

首を引き抜くイメージで
頭を後ろに傾ける

胸の中の風船が体を
持ち上げるイメージで

Step 3

上体をそらせる

息を吸いながら上体を
後ろにそらせてから2呼吸キープ。

POINT
倒れそうで
倒れないバランスが
正解

吸う

POINT
息を吐き切ると
効果UP

2呼吸キープ
吐く吸う
吐く吸う

かかと重心

Step 4

元の姿勢に戻す

息を吐きながら
元の姿勢に戻る。
Step 2～4 を
5回繰り返す。
(1回でもOK)

吐く

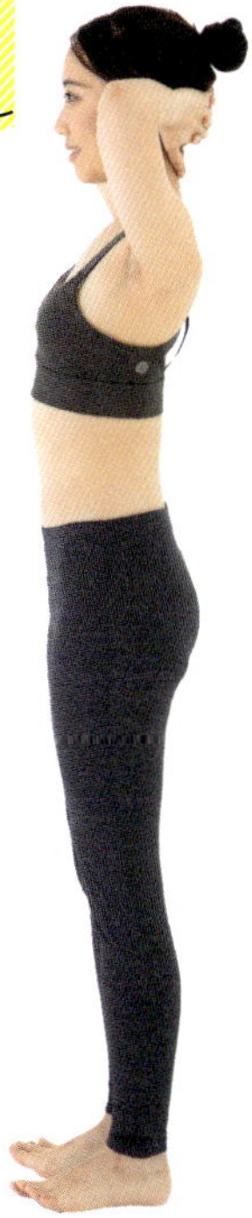

LOCK!

**お腹が勝手に
筋トレされる!**

骨盤がロックされているため、上体を支えながらそり姿勢をキープするだけで、腹筋が勝手に筋トレされます。息をしっかり吐き切ると、姿勢を保つ筋肉製コルセットの腹横筋もギュッと締まります。

NG ✕

**下腹部が前に
出てしまう**

骨盤が前に出て腰が
そると腰痛の原因に!

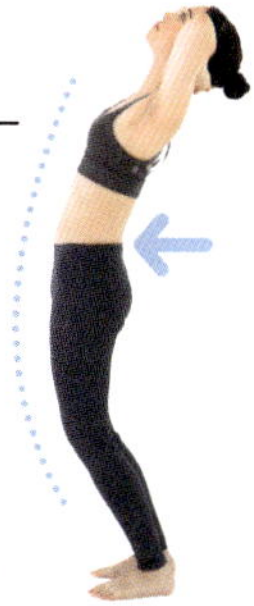

さらに上級者には……

ADVANCE

**5呼吸
キープ**

慣れてきたら、
そった姿勢で
5呼吸キープ。
よりお腹に
効いてくる!

グラつく人、骨盤が前に出てしまう人は…

「骨盤プッシュ」で姿勢を形状記憶

立ったとき、そったときに「グラグラする」「骨盤が前に出てしまう」なら、腰を前に出さない姿勢を体にインプットしてからそる腹筋にチャレンジしてみましょう。

Step 1

両足は腰幅に開いて平行にする。両手を脚の付け根(鼠《そ》径《けい》部《ぶ》)に添える。

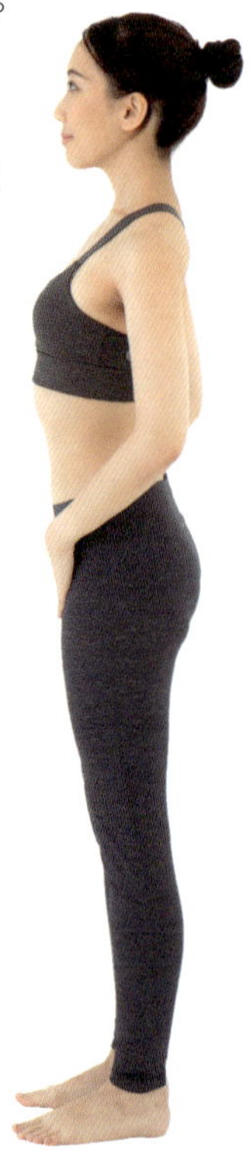

腰幅・平行に

Step 2

足指を上げて、両手で骨盤を押しながら頭を後ろに倒す。

5呼吸キープ

PUSH!
骨盤が前に出ないように両手で押しつける
足指をアップ

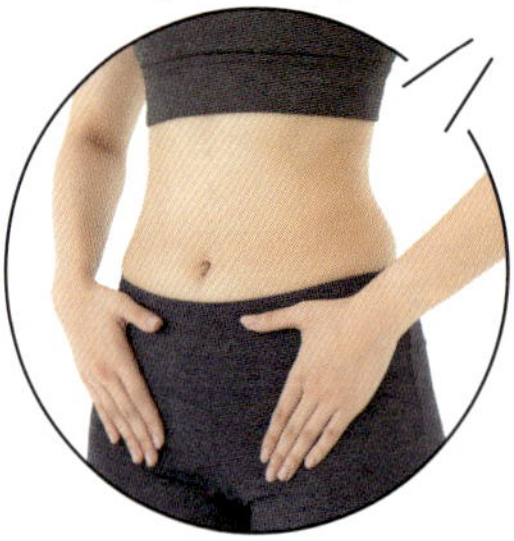

ZOOM UP
手を添えるのはココ！

職場のデスクでは…

座りながら そる腹筋

座って行うときは、浅く腰掛けて、両足をひざよりも手前に引き寄せて。足首が曲がることで、骨盤が立ってロックされ、お腹がしっかり引き伸びる。

5呼吸キープ

POINT
両足はひざより手前に

NG

両足を前に投げ出すと、骨盤が後ろに倒れてお腹が伸びない。

うまくそれない人は…

バンザイの ポーズで腹筋

力が入ってかたまってしまう人は、胸を引き上げ、お腹をグーンと伸ばすことだけ意識。足指を上げて息を吸いながら両腕を頭上に伸ばし、バンザイのポーズで5呼吸キープ。

5呼吸キープ

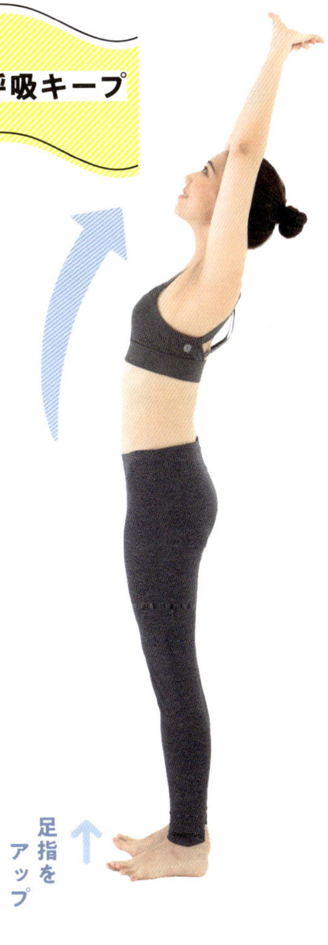

効果をUPさせたい人、体がかたい人のための

準備エクササイズ

そる腹筋は誰でもすぐにできる簡単な腹筋運動ですが、ふだんの悪姿勢の影響で、なかにはうまくできないことも…。そこで、そる腹筋の効果を最大化するための準備エクササイズを紹介します。

今から紹介する4種類のエクササイズは、うまくそるためのポイント「骨盤の安定性」と「胸の柔軟性」を高めます。あくまで補足的運動なので、「うまくいかないなぁ」と思う動きに該当するものだけ行えばＯＫ。続けるうちに体が変わってくるので、そのうち準備エクササイズなしでもできるようになります。

準備エクササイズ 1

胸を開く

腹筋を伸ばすのに必要な胸の柔軟性を高めます。猫背の人は、
肋骨が落ちて胸が固くなっているので、ぜひ行ってください。
両手を首に添えたとき、肩が上がる人やひじが開かない人にもオススメです。

上体の力を抜くと胸が開く

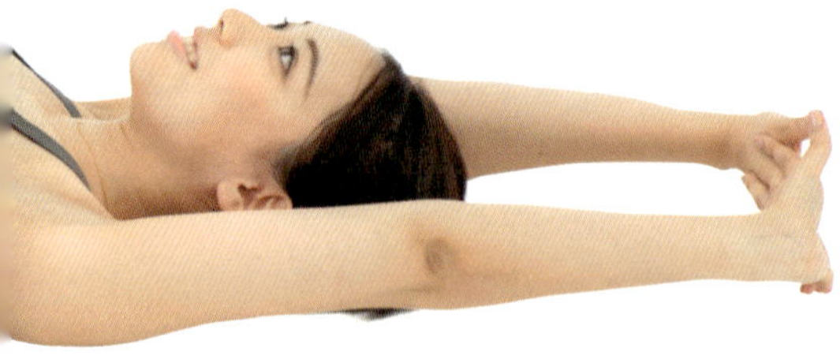

郵 便 は が き

63円切手を
お貼り
ください

1 0 1-0 0 0 3

東京都千代田区一ツ橋2-4-3
光文恒産ビル2F

(株)飛鳥新社　出版部　読者カード係行

フリガナ ご氏名	性別　男・女 年齢　　　歳
フリガナ	
ご住所〒 TEL　　　(　　　)	
お買い上げの書籍タイトル	
ご職業　1.会社員　2.公務員　3.学生　4.自営業　5.教員　6.自由業 7.主婦　8.その他（　　　）	
お買い上げのショップ名　　　所在地	

★ご記入いただいた個人情報は、弊社出版物の資料目的以外で使用することはありません。

このたびは飛鳥新社の本をご購入いただきありがとうございます。
今後の出版物の参考にさせていただきますので、以下の質問にお答え下さい。ご協力よろしくお願いいたします。

■この本を最初に何でお知りになりましたか

1.新聞広告（　　　　　　　新聞）
2.webサイトやSNSを見て（サイト名　　　　　　　　　　　　）
3.新聞・雑誌の紹介記事を読んで（紙・誌名　　　　　　　　　）
4.TV・ラジオで　5.書店で実物を見て　6.知人にすすめられて
7.その他（　　　　　　　　　　　　　　　　　　　　　　　）

■この本をお買い求めになった動機は何ですか

1.テーマに興味があったので　2.タイトルに惹かれて
3.装丁・帯に惹かれて　4.著者に惹かれて
5.広告・書評に惹かれて　6.その他（　　　　　　　　　　　）

■本書へのご意見・ご感想をお聞かせ下さい

■いまあなたが興味を持たれているテーマや人物をお教え下さい

※あなたのご意見・ご感想を新聞・雑誌広告や小社ホームページ上で
1.掲載してもよい　2.掲載しては困る　3.匿名ならよい

ホームページURL http://www.asukashinsha.co.jp

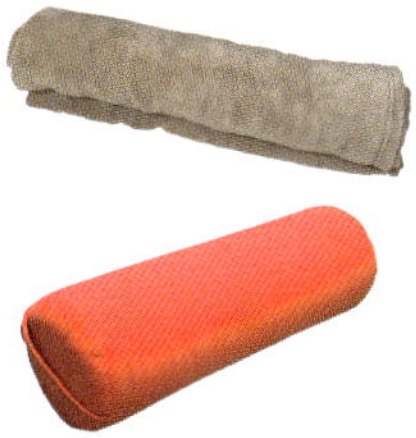

用意するもの

毛布やブランケット、ボルスター

毛布やブランケットは丸めて使用。ヨガなどで使われるボルスターでもOK。

1

あおむけに寝て両手を頭上に伸ばす

丸めた毛布がみぞおちの真下に当たるように、あお向けに寝て、両ひざを立てる。両手を組み、手のひらを返しながら、両腕を頭上に伸ばす。

2

背中をゆるめてリラックス

上体を左右に軽くゆらしながら背中の緊張をゆるめたら、10呼吸キープ。

10呼吸キープ

毛布は
みぞおちの真下に
POINT
床と背中の間が
10㎝程度開くように
毛布を丸める

準備エクササイズ 2

脇を やわらかく

脇が伸びにくいと、
両手を首にセットすることや、
そることが難しいかもしれません。
壁を使ったストレッチで
脇の下や体側を伸ばして
上半身の可動域を広げていきます。

1

壁を左横にして立ち、左腕を壁に沿わせて上に伸ばす

POINT
腕から体側の
伸びを
感じよう

左右各
5呼吸キープ

2

つま先立ちになるまで伸び上がる

視線を左手に向けて、左腕と左の脇が伸びているのを感じながら5呼吸キープ。逆側も同様に。

準備エクササイズ 3

腰の安定感を高める

力んでうまくそれない人や
グラグラしてしまう人向けのエクササイズです。
腰の安定性を高め
よい姿勢を保ってくれる腸腰筋を鍛えます。
ふだんから足裏を引きずって
ベタベタ歩くクセのある人や
よくつまずく人にオススメです。

1

あお向けに寝て両ひざを立てる

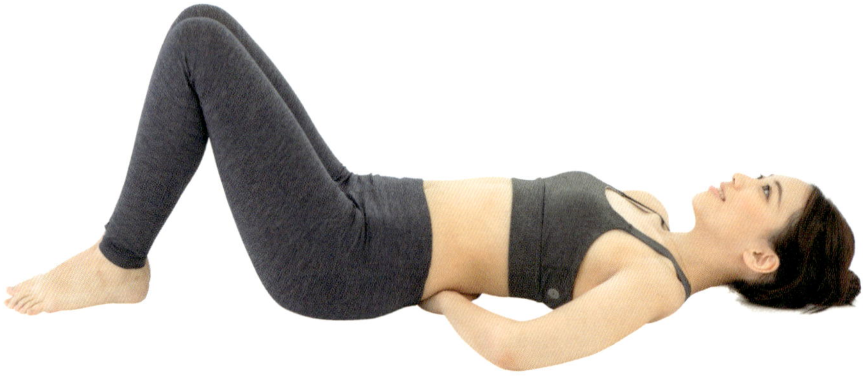

手のひら、または
丸めたタオルを腰の
カーブの下に挟んで

足の甲を立てる
POINT
かかとを床
スレスレの高さに
浮かせたまま

2

かかとを浮かせて ひざを伸ばす

左足の甲を立てて、左かかとを床に触れるか触れないかの高さに浮かせ、左ひざを伸ばしていく。腰のカーブは常に1の状態を維持すること。

3

3回曲げ伸ばし後、右脚も同様に行う

左ひざを再び曲げて1の姿勢に戻す。3回曲げ伸ばししたら、右足も同様に行う。

左右各3回

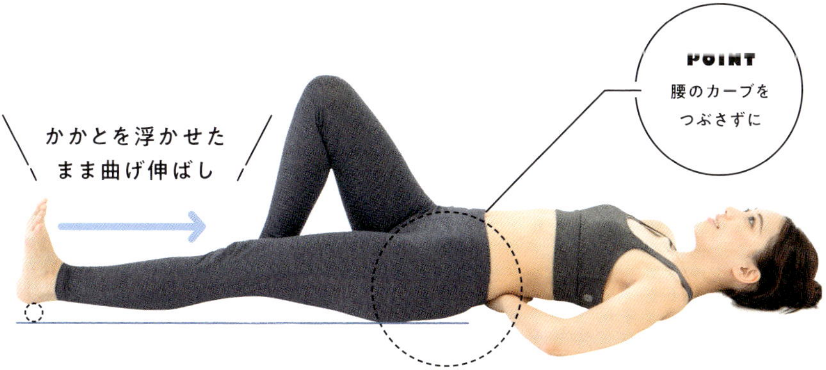
POINT
腰のカーブを
つぶさずに
かかとを浮かせた
まま曲げ伸ばし

準備エクササイズ 4

頭を伸ばして 骨盤調整

頭頂から上半身が伸び上がることで、
倒れていた骨盤を起こし、
骨盤を支える腸腰筋を目覚めさせます。
また、悪い姿勢でつまっていた
胸や首も伸びてきます。
この首を伸ばした感覚のまま
そる腹筋を行えば、
自然と正しいフォームになります。

1

両手のひらを重ねて 頭に乗せる

TOP

頭頂で両手を重ねる

2

腰を伸ばして頭頂と両手のひらで押し合う

3呼吸キープ

両肩を下げて首を伸ばすことを意識。イスに座ったり、正座や立ち姿勢で行ってもOK！

Column 3

お腹を伸ばせば悩みも消える❷
疲れにくく太りにくい体に

健康な人の足には、しっかりとしたアーチを描く「土踏まず」があります。このアーチが落ち、のっぺりとした足裏になってしまうのが偏平足《へんぺいそく》。そして、偏平足になる原因の1つに、姿勢の悪化があります。

そる腹筋の特徴の1つが、足指を上げて行うこと。足指を上げると土踏まずが引き上がります。すると、重心は最適な位置に戻り、足元は安定。偏平足のときは小股でペタペタと歩いていた人も、足の指でしっかり地面をとらえられるようになり、歩くのがラクになります。

また、重心が正しい位置にあるということは、全身の筋肉も正しい位置にあるということ。「筋肉は正しい位置にあるとしっかり働く」という法則があります。今まで使われなかった筋肉も働き始め、大股でサクサク歩くこともラクになります。

今までよりたくさん筋肉が使われるので、自然とエネルギー代謝はアップ。そる腹筋を続ければ、いつの間にか、疲れにくく、太りにくい体が手に入るでしょう。

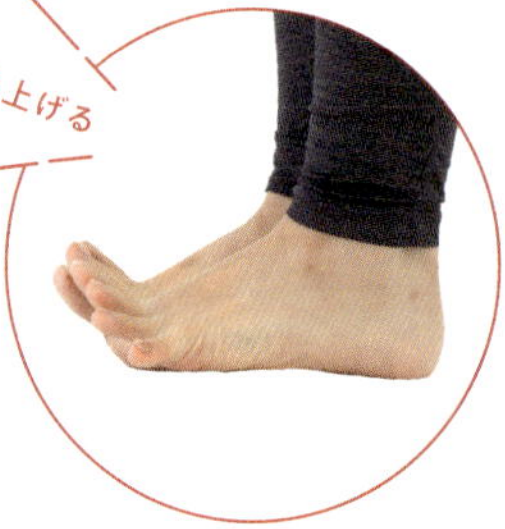

The Revolution
in
Ab-Exercise

Chapter 4

完全版でもっとお腹が凹む！

そる腹筋 エクササイズ 2

3つのそる腹筋「完全版」で体が変わる！

そる腹筋、ちゃんと覚えましたか？　実は、そる腹筋には後ろにそる「①基本」に加えて、「②横」「③ひねり」というバリエーションが存在します。

もちろん、「①基本」のそる腹筋だけでも効果は十分。**しかし3種類行うことで、姿勢をよくし、お腹を凹ませるすべての筋肉を、あらゆる角度から立体的かつ効果的に鍛えられるのです。**

この章では、3種類のそる腹筋で構成した完全版プログラムをお伝えします。

そる腹筋は、1日に何回やってもかまいません。3種類すべてをじっくり、気分転換に1種類だけ…など、みなさんのライフスタイルやその日の予定に合わせて、無理のないように行ってください。

体は必ず変わります。そして、変わる力はすべての人が持っています。まずは2週間を目標に始めましょう！

CHECK!
腹直筋、腹横筋に
特に効く！

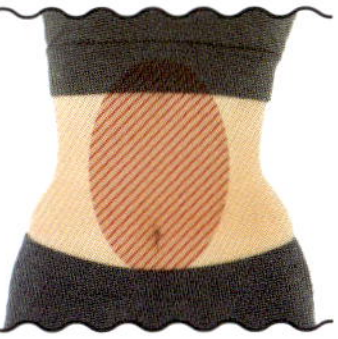

1 基本（後ろ）

まずは、お腹の前面を伸ばす
基本の腹筋からスタート！

お腹をギューッと薄くする！

遠くを見る
両手を頭の
後ろで組む
足指を上げて
かかと重心に
腰幅に立つ

準備

吐く

目線は上に
頭は斜め
上の方向へ
倒れそうで倒れない
バランスで

後ろにそる

息を吸いながら上体を
後ろにそらせて 2 呼吸キープ。

吸う

2呼吸キープ
吐く吸う
吐く吸う

詳しくは50〜55ページ参照

2 横

次に、お肉がつきやすい横腹を伸ばす！
体を倒さずに、ひじを上に向けて、
意識を上に上にと保つことが
最高にお腹にきかせるコツだ。

CHECK!
腹斜筋に特に効く！

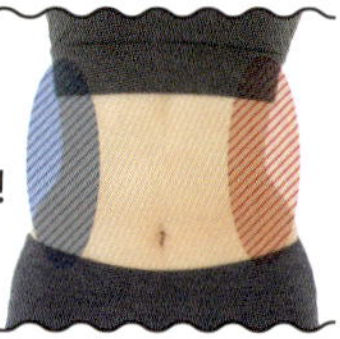

横腹をキューッと伸ばしきる！

左ひじを上に向けて
横にそる

息を吸いながら左ひじを
上に向けて２呼吸キープ。

吸う

2呼吸キープ
吐く吸う
吐く吸う

POINT
息を吐き切ると
効果 UP

元の姿勢に
戻る

吐く

ずっと足の指は
上げたまま、
かかと重心をキープ

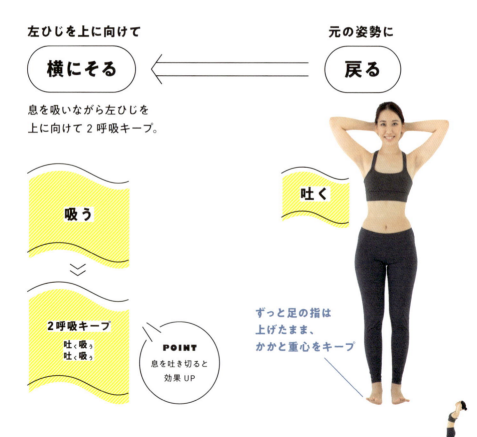

NG ×

視線を落としたり、体を横に倒そうとしたり、つぶれているほうの体側を意識したりするとわき腹がしっかり伸びてこない。

POINT
左ひじと視線を天井に向けて、伸びている体側を意識

元の姿勢に

戻る

吐く

反対側も同様に

横にそる

吸う

2呼吸キープ
吐く吸う吐く吸う

CHECK!
腹斜筋に特に効く！

左ひじは真上に持ち上げる

3 ひねり

最後に、ひねりを加えてお腹を
立体的に伸ばす！
ひじを上げた側の腹斜筋が、
ひねりをふかめるほど
グングン伸びていく。

体幹ツイストでしぼりまくる！

右ひじを後ろ斜め上へ向け
ひねりながらそる

息を吸いながら右ひじを
後ろ斜め上に回して 2 呼吸キープ。

元の姿勢に
戻る

吐く

吸う

2呼吸キープ
吐く吸う
吐く吸う

POINT
息を吐き切ると
効果 UP

ずっと足の指は
上げたまま、
かかと重心を
キープ

元の姿勢に

戻る

吐く

反対側も同様に

ひねりながらそる

吸う

2呼吸キープ
吐く吸う吐く吸う

元の姿勢に

戻る

吐く

FINISH!

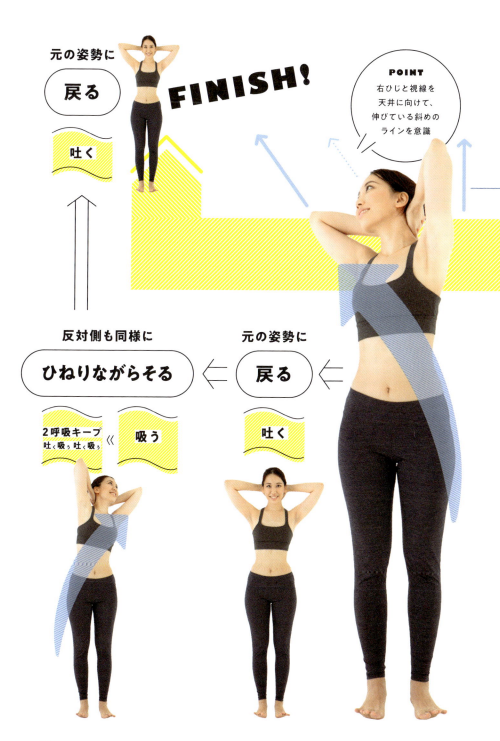

呼吸が深くなったら やせ上がりのサイン

私のスタジオには、「呼吸が浅い」「息を深く吸えない」などの悩みを抱える方がたくさんいらっしゃいます。そういう方に共通していることは何でしょうか。

皆さん、肋骨が落ちてお腹がつぶれているのです（37ページ参照）。ただ日常生活を過ごしているだけでは、肺の機能のうち1／3程度しか使われません。手足の筋肉と同様に、肺も使わないと胸はどんどんかたくなり、動かなくなります。すると、階段やちょっとした坂道でも、はあはあと息が上がってしまいます。一方で、運動や山登りなど体に負荷をかける習慣のある人は、日常的に肺を大きく動かすので、簡単には息が上がりません。

わざわざ運動をしなくても、呼吸を改善するよい方法があります。そる腹筋です。そる腹筋で息をしっかり吐ききると、自然と息をたっぷり吸い込むことができます。さらに、落ちてきた肋骨を持ち上げて胸を広げ、横隔膜がラクに動けるようにすれば、呼吸機能は大きく改善します。

そる腹筋を続けるうちに、1つの呼吸が長くなるのを実感していただけると思います。そのときは、喜んでください！　呼吸が変わったら、体も変わってきた証拠。腹筋を伸びやかに使えるようになったサインなのです。

胸が開けば、呼吸が深まり体力もUP!

胸が開いている
⇒呼吸○ 体力○

猫背
⇒呼吸× 体力×

呼吸が深まったら、つぶれたお腹が引き上がり、横隔膜がしっかり動くようになった証。疲れにくい体に変わり、ボディメイクだけでなく健康面でもよい変化が得られます。

いつでもどこでもそる腹筋 スキマ時間で凹腹を形状記憶

そる腹筋の効果を最大化するポイントは、できるだけ長い時間、そったときの「お腹が伸びた感覚」を維持すること。最低でも５分以上はキープしてください。直後は胸を高く、やせ上がったお腹でいられますが、時間が経つにつれ、つぶれたお腹に戻ってしまうと思います。それは仕方がないことです。大切なのは、つぶれたことに気づいて、その都度修正していくこと。「気づく」「そる」を繰り返し、やせ上がったお腹の状態を体にインプットしていきましょう。

始めたばかりのころは、姿勢を保つのが大変だと感じるかもしれません。でもそれは、何年も、何十年も、ずーっと脱力姿勢でいたのだから当然。スマホやパソコン漬けの座りっぱなし生活を続けていたら、お腹ぽっこり姿勢がしみついてしまうのは仕方ありません。

幸いにも、そる腹筋はとてもラクなエクササイズですので、いつでもどこでもできます。続けていれば、お腹が引き伸び、胸が広がった姿勢が形状記憶され、当たり前になります。当たり前になれば、よい姿勢のほうが、快適だと感じるようになってきます。

そる腹筋は１日何度やってもＯＫ。もちろん１回だけでも効果はありますが、１日の中で何度もやるのが、体に凹腹を形状記憶する近道です。はじめは１日３回を目指しましょう。特にオススメのシーンを挙げたので、参考にしてください。

運動の前に

歩く、走る、ジムでのトレーニングなど…運動をする直前にやって、やせ上がったお腹を形状記憶。よい姿勢なら正しく筋肉を使えるので、トレーニング効果がUP！

朝の起きぬけに

目がさめたら、気持ちよく伸びをする感覚でそる腹筋を行いましょう。心身ともに活性モードへとスイッチが入り、朝の支度もはかどります。

デスクワークの合間や同じ姿勢が続いたときに

デスクワークの合間やトイレ休憩にもそる腹筋。交感神経にスイッチが入るので、落ち込んだときには気分転換にもなります。自宅で、テレビのCM中にもそる腹筋を。30分～1時間に1回行うのが理想です。

自宅で出勤前に

そる腹筋を行うと、全身の筋肉を効率よく使えるようになるので、移動中のエネルギー消費量もアップします。毎日の通勤、通学前に行って、消費カロリーをコツコツ上乗せ！

Column 5

お腹を伸ばせば悩みも消える❸
気持ちもキラキラ明るくなる

心の状態と姿勢は、一致しています。

落ち込んだときは、肩が落ちて、うなだれます。不安なときは、体が硬直したり、うずくまります。背中を丸めて胸が閉じた姿勢は、物事を抱え込み、自分を防御する姿勢です。

胸が閉じれば心も閉じ、内に引きこもり、疑心暗鬼になる、エゴが強くなる…。そしてますます姿勢が悪くなる、という悪循環をもたらします。

そる腹筋の姿勢は、「抱え込む」とは真逆です。胸をグーンと開けば心も開き、気持ちをポジティブなほうへと導きます。「伸び伸びした人」「心を開く」などの言葉があるとおり、よい姿勢には、明るくオープンな心が宿ります。

仕事や人間関係のストレスで、ふさぎ込むこともあるでしょう。つい、お酒やドカ食いに逃げたくなることもあると思います。

そんなとき、まずはそる腹筋で胸を開いてみてください。明るくすっきりとした気持ちになり、よい気分転換になります。よい姿勢、そして明るくオープンな気持ちを保ち続ければ、あなたの性格も魅力的で親しみやすく変わっていくでしょう。

The Revolution
in
Ab-Exercise

Chapter 5

そる腹筋と同様に
筋肉の伸びる力を使った
効果抜群の
エクササイズです！

新たな革命を起こす！

お悩み別
エクササイズ

お悩み 1

肩こり＆首こり

肩甲骨を寄せる動きが、ガチガチにこりかたまった背中や肩の筋肉をゆるめて血行を促進。こりを和らげます。仕事や作業中、テレビを観ながらなど気づいたらまめに行う習慣を！

1 立つ、または座った姿勢で、両手を後ろで組む。

5呼吸キープ

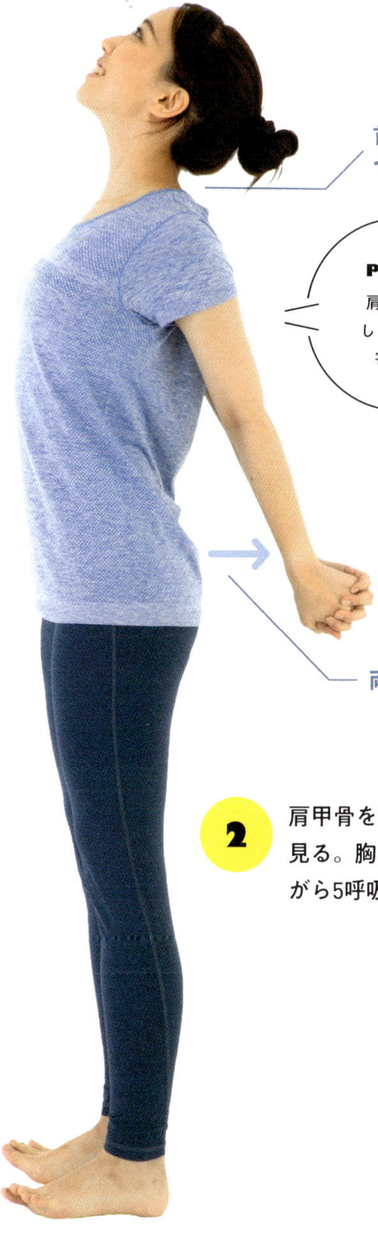

首の後ろは
つめない

POINT
肩甲骨を
しっかりと
寄せる

両手を体から離す

足指を
アップ

2 肩甲骨を寄せて、斜め上を見る。胸の広がりを感じながら5呼吸キープ。

お悩み 2

腰の痛み

腰を安定させるインナーマッスル
腸腰筋にアプローチ。
痛みの原因となる姿勢の
つぶれを正し、健康的な背骨の
カーブを取り戻しましょう。
そり腰さんにも
丸まった腰の方にも◎。

1 両手を頭頂で重ね、お腹を
上に伸ばす。両手は頭を押
し付けて互いに押し合う。

吐く

5呼吸キープ

POINT
手のひらと頭で
押し合ったまま
全身で伸び上がる

2 息を吐きながら、頭を後ろに倒す。5呼吸キープ。

お悩み 3

便秘

便秘の原因は
腸の働きの低下。
ねじりの動作で
内臓を刺激して
腸を活性化させましょう。
効果をUPさせるコツは
胸からねじること。
肩に手を乗せて行うと
自然とねじりが深まります。

1 右手を左肩に乗せて、
左手を前に伸ばす。

指先の向こうを見たまま
視線は手の先を追う
指先が真後ろに
向くように上体をねじる
POINT
骨盤の向きは
変えない
吐く
3 呼吸キープ
3 回繰り返す
足指をアップ

2 両足の指を上げたら、息を吐きながら、左腕を床と平行に保ったまま後ろに回す。3呼吸キープ。

3 その後、息を吸いながら上体を正面に戻し、足指を下ろす。1～2を3回行った後、手の位置を逆にして同様に行う。

お悩み 4

歩きづらさ

回旋や前後の動きで
スムーズな歩行に必要な筋肉を活性化。
ラクに、広い歩幅で軽快に歩ける
フォームをつくります。外出前や
お散歩前の準備体操にオススメ。

お腹を上に
伸ばす
つま先立ちで
体重は
左右均等に

1 両手を後頭部で組み、左足を一歩前へ出す。

吐く

3呼吸キープ
3回繰り返す

POINT
骨盤の向きは
変えずに
ゆっくりひねる

2 息を吐きながら、骨盤を正面に向けたままで、上体を左にゆっくりひねる。3呼吸キープ。

3 その後、息を吸いながら上体を正面に戻し、かかとを下ろす。1〜2を続けて3回行った後、脚を逆にして同様に行う。

お悩み 5

気持ちのモヤモヤ

体の側面と胸回りを広げて、
胸式呼吸のスイッチを ON。
呼吸を深めながら交感神経を
優位にして、気分をスッキリさせます。
眠たいとき、疲れが
抜けないときにもピッタリ。

1 左手を後頭部に当てて、左足を右足の前に出す。右手は腰に添える。

左足を右足の前に出し、
つま先を外側に向ける

POINT
ひじから足先までを
弓なりに伸ばす

吸う

3呼吸キープ
3回繰り返す

2 お腹を伸ばしてから左ひじを上に向ける。息を吸いながら、左ひじを真上に持ち上げて3呼吸キープ。

3 その後、息を吐きながら上体を元に戻す。手足を逆にして同様に行う。

お悩み 6

タレ尻

お尻のシルエットを決める
大殿筋を伸ばして刺激。
がちがちに固まった筋肉を
柔軟にすれば
タレたお尻が上がります！

左手のひらを
左のお尻につける
右手の指を
左ひざの外側に
添える
軽くひざを
曲げる

1 直立の姿勢から左足を大きく1歩前に出す。

吐く

5～10回
繰り返す

2 息を吐きながら、上体を前に倒す。

3 その後、息を吸いながら1に戻る。1～2を続けて5～10回行う。反対側も手足を逆にして同様に行う。

お悩み 7

広がり尻

骨盤を支えるお尻の
インナーマッスル
中臀筋を伸ばして刺激。
ドーンと横に
広がったお尻を
キュッと中央に
寄せて小尻に♡

POINT
脚はつけ根から上げる
両手を腰に添える
足指をアップ

1 両足をそろえて立ち、右脚を右側に上げる。

吐く

5～10回
繰り返す

POINT
お尻の左側に
伸びを感じる。

2 息を吐きながら、ゆっくりと右脚を左に振る。

3 5~10回ほど繰り返した後、右足を床に下ろす。左足でも同様に行う。

おわりに

いかがでしたでしょうか？　そる腹筋はラクなのに効くということを、体感していただけたと思います。

そる腹筋、実は医学的に正しいだけではありません。**進化学的にも正しいのです。**ヒトは二足歩行へ進化していく過程で、腹筋の伸びる力と背筋の縮まる力で頭を起こし、まっすぐ上へ上へと伸びていきました。それに従い、背骨はS字のカーブを描き、骨盤が前にせり出し、土踏まずができて、二足歩行に完全に適応しました。**つまりヒトにとっては、頭頂が上に伸びていくのが自然で快適なのです。**

ところが、私たちはスマホやデスクワークで下を向き、縮める腹筋で体を丸めています。歩かないことで、ヒトの動物としての上へ伸びる力を眠らせています。わざわざ不自然なことをして、お腹が出た美しくない姿勢になったり、体を壊したり、気分が落ち込んだりしている。もったいないことだと思いませんか？

重力は、下へ下へと押しつぶしてきます。人間であり続けることは大変です。**でも、そる腹筋でお腹の伸びる力を取り戻していけば大丈夫。**起きているときはいつでも、バレリーナのように上へ上へと伸び続けましょう。

コツは、ちゃんと前を見ること。下を向かずに、なるべく遠くの上のほうを見ること。すると、頭頂部は上に伸び、自然と体は整ってきます。お腹も凹んできます。
姿勢を正しくしようなんて、あまり考えないほうがいいんですよ。

そる腹筋は、トレーニングやエクササイズの常識を覆す革命的なメソッドです。
医学と進化学に裏打ちされたそる腹筋の効果はモニターさんや、私が指導してきたインストラクターさん、生徒さんで実証済みです。

私は革命を起こします。
皆さんもぜひ一緒に、
腹筋革命を起こしましょう！

モデル：小室《こむろ》 理砂《りさ》

ヨガインストラクター 会社員

東京都出身。幼少期はクラシックバレエを習い、学生時代はストリートダンス等も経験。ヨガインストラクター資格（RYT200・RPYT）の取得中に中村尚人氏と出会い、「ヒトの進化や歩行の視点から導き出された快適な体」というテーマに感銘を受ける。入社したスポーツジムでは「ハタヨガ」「マタニティヨガ」「ホットヨガ」等のクラスを担当。「STARBUCKS Neighborhood and Coffee」「生活の木」とのコラボイベントや、企業の従業員向けクラスなどでもヨガ指導を行い活躍の場を広げる。現在は企業に勤めつつ、フリーでヨガの指導を行っている。

「そる」だけでやせる腹筋革命

2019年4月13日　第1刷発行
2020年3月16日　第5刷発行

著者……中村尚人
発行者……土井尚道
発行所……株式会社　飛鳥新社
〒101-0003　東京都千代田区一ツ橋2-4-3　光文恒産ビル
電話（営業）03-3263-7770（編集）03-3263-7773
http://www.asukashinsha.co.jp

アートディレクター……細山田光宣（細山田デザイン事務所）
デザイン……鎌内文・松原りえ・南彩乃（細山田デザイン事務所）
DTP……横村葵
撮影……田中達晃・石川咲希（Pash）、小林徹也
イラスト……安久津みどり
編集協力……長島恭子（Lush!）
衣装協力……イージーヨガジャパン（TEL 03-3461-6355）

印刷・製本 中央精版印刷株式会社

ISBN978-4-86410-683-2

編集担当　小林徹也